Schneider · Die Katze im Stall von Bethlehem

Gerhard Schneider

Die Katze
im Stall von Bethlehem

Weihnachtsgeschichten zum Vorlesen

Radius

Die Deutsche Bibliothek – CIP-Einheitsaufnahme

Schneider, Gerhard:
Die Katze im Stall von Bethlehem: Weihnachtsgeschichten
zum Vorlesen / Gerhard Schneider. – Stuttgart: Radius, 1996
ISBN 3-87173-095-5

ISBN 3-87173-095-5
© by Radius-Verlag GmbH Stuttgart 1996
Umschlag: Rainer Groothuis
Abbildung: Meister des Frankfurter Paradiesgärtleins,
»Maria im beschlossenen Garten mit Heiligen«, Detail,
um 1410. Frankfurt, Städelsches Kunstinstitut.
Gesamtherstellung: Clausen & Bosse, Leck
Printed in Germany

Inhalt

Vorwort

Einer der schönsten Gottesdienste des Kirchenjahres in der kleinen Dörntener Dorfkirche ist die Christmette. Als ich diese Mette einführen wollte, meinten die Kirchenvorsteher, dann würde ich wohl allein in der Kirche sein, so mitten in der Nacht. Damit hatten sie sich heftig geirrt. Spannend an den Christmetten ist schon die genaue Zeitplanung. Ziemlich genau 20 Sekunden vor 0 Uhr soll einen Moment ›Warten auf den Anbruch des Weihnachtsmorgens‹ in Stille sein. Dann schlägt die Turmuhr, die Glocken läuten, und die Gemeinde beendet die Mette mit ›O du fröhliche‹. So müssen Texte und Lieder zeitlich gut abgestimmt sein. Interessant ist auch die Gemeinde. Unten sitzen Erwachsene, die nach dem Trubel des Heiligen Abends zur Ruhe kommen möchten; auf der Empore sitzen Jugendliche, die durch eben diesen Trubel schon richtig aufgedreht sind und nur schwer zu Stille und Zuhören zu bewegen sind. Nachdem Ansprachen oder Kurzpredigten sich in dieser späten

7

Stunde als etwas mühsam erwiesen und auch bei den Jugendlichen auf keine große Aufmerksamkeit stießen, kam ich auf die Idee, eine Weihnachtsgeschichte in den Mittelpunkt zu stellen. Aber sehr schnell wurde es schwierig und zeitaufwendig, jedesmal eine neue Geschichte von ziemlich genau neun Minuten Länge zu finden, die nicht nur Stimmung, sondern auch Inhalt von Weihnachten ausdrückt. Eigentlich nur aus dieser Schwierigkeit heraus entstand die Idee, selbst solche Geschichten zu schreiben. Die Aufmerksamkeit stieg, auf der Empore war Ruhe. So sind zehn Geschichten zusammengekommen, und jedes Jahr zu Weihnachten muß ich mir nun natürlich eine neue einfallen lassen. Schnell merkte ich, daß sich diese Geschichten nicht mit einmaligem Lesen verbrauchten. Auch bei Weihnachtsfeiern und Andachten konnte ich sie immer wieder einmal gebrauchen. So entstand der Gedanke, sie zu veröffentlichen. Vielleicht kommt ja noch jemand in die Situation, daß er eine Weihnachtsgeschichte braucht, die beim Vorlesen ziemlich genau neun Minuten dauert.

Gerhard Schneider

Die Weihnachtskatze

Unsere Katze Mimi machte mich auf die Tiere aufmerksam, die in der Weihnachtsgeschichte und ihren dichterischen Erweiterungen vorkommen. Viele sind da vertreten: Ochs und Esel im Stall, die Schafe in den Hürden auf dem Felde und damit auch die Hirtenhunde. Es ist wohl noch niemand auf die Idee gekommen, daß im Stall – wenn man dieses schöne Bild einmal weitermalt – ja auch sicher eine Katze gewesen ist, schon wegen der Mäuse. Und Katzen sind gute Beobachter. Sie geben keine großen Kommentare, aber schon beim kleinsten Geräusch wenden sie den Kopf, und mit sehr aufmerksamen Augen verfolgen sie alles, was passiert. Ihr Blick und ihre Haltung drücken aus: »Mich geht das alles nichts an, aber ich sehe alles, und ich denke mir meinen Teil.«

Die Katze im Stall von Bethlehem gehörte niemandem. Sie hatte auch keinen Namen. Keine Katze gehört jemand anderem als sich selbst, auch wenn die Menschen manchmal meinen, ihre Katze zu besitzen.

Es ist nur eine sinnvolle Zweckbeziehung. Eine Katze nimmt ihren Lebensbereich in Besitz, und sie duldet die Menschen. Wenn die ihr ab und zu etwas zu essen geben, um so besser. Aber das steht ihr eigentlich auch zu. Schon durch ihr bloßes Dasein hat sie sich das verdient. Davon ist sie fest überzeugt. Und sie schenkt dafür den Anblick wahrer Eleganz und Vornehmheit.

Die Katze aus dem Stall von Bethlehem, nennen wir sie die Weihnachtskatze, denn das zeichnet sie vor allen anderen Katzen vor und nach ihr aus: Sie war dabei Weihnachten.

Der Nachmittag und der Abend waren nicht anders verlaufen als sonst auch. Sie hatte nach dem Mittagsschlaf einen Streifzug durch ihr Revier gemacht, so nebenbei eine unvorsichtige Maus verspeist und den Abfallhaufen hinter der Wirtschaft inspiziert, wo ungewöhnlich viel herumlag. Es mußten wohl viele Gäste da sein. Einem streunenden Hund war sie ausgewichen, so daß er sie gar nicht erst bemerkte. Nicht daß sie Angst vor ihm gehabt hätte, aber was nützt es, sich mit ihm anzulegen. Schon das Gebell ist für sensible Wesen von unerträglicher Lautstärke. Keinen Sinn für Stil und Feinheit.

Zurück im Stall hatte sie sich dann erst mal auf ihrem gewohnten Strohhaufen eingerollt und gedöst. Nicht, daß sie geschlafen hätte. Katzen denken viel. Plötzlich hatte die alte Tür noch einmal geknarrt. Die Zeit der Fütterung war längst vorbei. Wer mochte da noch kommen? Ein Menschenpaar trat ein, beide offenbar sehr am Ende. Die Frau hielt sich den Bauch. Sie sahen sich vorsichtig um. Als sie keinen Menschen entdeckten, zündeten sie die Stallaterne an und suchten sich eine bequeme Ecke zum Übernachten. »Ich glaube, es geht los, Joseph«, sagte die Frau und stöhnte. »Na, das hat mir gerade noch gefehlt«, dachte die Weihnachtskatze und überlegte schon, ob sie auf eines ihrer Reservequartiere ausweichen sollte. Aber dann blieb sie und wurde so Zeugin einer besonderen Geburt. Der Mann kümmerte sich sehr liebevoll um die Frau, hielt ihre Hand, streichelte ihren Kopf und sprach leise mit ihr. Als dann das Kind geboren war, suchte er, wohin er es legen könnte. Er rückte eine alte Futterkrippe zurecht, füllte sie mit Heu und legte eine Windel darauf. Vorsichtig prüfte er, ob nirgendwo ein Halm hochstand, der das Kind pieken könnte. Dann nahm er eine andere Windel, wickelte das Kind hinein und deckte es dann noch mit einem Überrock zu. Es war kalt.

Das Kind blickte sich im Stall um. »Komisch, daß die kleinen Menschenkinder gleich gucken können«, dachte die Katze. »Meine machen erst nach einer Woche die Augen auf.« Sie wollte sich gerade wieder einrollen und nun wirklich schlafen, als der Blick des Kindes sie traf. Sie mochte es nicht, wenn sie direkt angesehen wurde. Unter Katzen gilt das als sehr unhöflich. Man setzt sich auf Entfernung, und jeder putzt sich, dabei werden ohne Worte Gedanken und Informationen ausgetauscht. Erstaunt stellte die Katze fest, daß von dem Kind etwas ausging zu ihr hin. Das hatte sie bei Menschen noch nie erlebt. Das Kind begrüßte sie, und sie grüßte zurück in stummer Zwiesprache. »Du mußt ein besonderes Kind sein«, sagte sie und blickte es nun direkt an, »ich habe mich noch mit keinem Menschen verstanden, und du bist doch gerade erst geboren. Selbst alte Menschen, die als klug gelten, können doch nicht mit mir reden. Sie fühlen nicht genug.« – »Ich glaube nicht, daß ich ein besonderes Kind bin«, antwortete das Neugeborene, »aber ich habe eine besondere Aufgabe bekommen und dazu ist es nötig, daß ich alles fühlen und empfinden kann, was in Lebewesen um mich her vorgeht, alles Leid, alle Traurigkeit, allen Schmerz dieser Welt, aber auch jeden Anflug von Freude, Hoffnung, jedes Körnchen Glück.« – »Dann wirst du es einmal sehr schwer haben«, meinte die Katze voller Mitleid. »Das ist nicht das wichtigste, am wichtigsten ist meine Aufgabe«, antwortete das Kind in der Krippe. »Was für eine wichtige Aufgabe ist das denn?« fragte die Katze. »Ich soll den Frieden Gottes wieder auf die Erde zurückbringen durch die Botschaft der Liebe. Dafür werde ich leiden und sterben müssen durch die Menschen, die nicht wollen, daß sich etwas ändert.« »Oh«, sagte die Weihnachtskatze nur. »Weißt du, was das ist, Liebe?« fragte das Kind. »Ja, wenn ich Junge habe, dann spüre ich in mir ganz viel Wärme. Sie saugen mir meine letzte Kraft aus, aber ich würde alles für sie tun. Mit den wildesten Hirtenhunden nehme ich es auf, um meine Kinder zu verteidigen.« »Dann weißt du, was Liebe ist«, sagte das Kind,

»diese totale Liebe, die nicht fragt: Was bringt mir das und was nützt mir das? Diese Liebe, die du empfindest, wenn du bei deinen Jungen bist, sie ist von Gott als Grundgedanke alles Lebens der ganzen Schöpfung mitgegeben. Aber sie ist verlorengegangen. Deshalb ist der Friede dahin und es sieht so dunkel aus und ist so kalt geworden. Krieg und Grausamkeiten, Egoismus und Gleichgültigkeit, damit machen sich die Geschöpfe das Leben zur Hölle.« – »Und was willst du dagegen tun?« fragte die Katze, »dagegen ist man doch machtlos!« – »Ich soll wieder ein Stück Himmel auf die Erde bringen, etwas von seinem Licht und seiner Wärme. Gott will der Welt durch mich noch einmal eine Chance geben, daß alle erkennen, was eigentlich Leben sein kann, wie unsere Welt aussehen kann als seine Schöpfung. Deshalb ist diese Nacht so hell. Du spürst das und alle, die die Hoffnung noch nicht aufgegeben haben.« – »Ja, ich spüre es«, sagte die Katze, »und das Besondere an dir habe ich gleich bemerkt.«

So wurde aus einer einfachen, namenlosen Katze eine Weihnachtskatze, nicht nur weil sie dabei war, sondern weil sie die Botschaft des Kindes aufgenommen hatte.

Ob es auch Weihnachtsmenschen gibt?

Ein unechter Lukasbrief

Wenn man Geschichten erzählt, dann darf man Phantasie haben, dann kommt es nicht darauf an, ob etwas genau so und so gewesen ist, dann soll der Zuhörer mehr erfahren als nur die nackten Tatsachen, er soll den tieferen Sinn erkennen.

So dürfen wir uns vorstellen, Lukas, der das Evangelium über Jesus aus Nazareth geschrieben hat und die Apostelgeschichte über die Ausbreitung der frohen Botschaft, Lukas ist alt geworden. Er ist Großvater. Großvater ist man dann, wenn man Enkel hat. Der Enkel von Lukas heißt Jotham. Er ist 12 Jahre alt. Er hat Lesen und Schreiben gelernt. Dafür hat der Großvater gesorgt. Und so schreibt Jotham seinem Großvater einen Brief.

»Lieber Opa! Wie geht es Dir? Mir geht es gut.« Damit sind Kinderbriefe ja meist an dem Punkt angekommen, an dem die große Ratlosigkeit beginnt. Was um Himmels willen kann man denn noch mehr schreiben? Aber diesmal hat Jotham keine Schwierig-

keiten. Er möchte dringend etwas von seinem Großvater wissen. »Ich muß Dich etwas fragen, und es
wäre lieb von Dir, wenn Du mir bald eine Antwort
schicken könntest. Du hast doch die Geschichte von
Jesus aufgeschrieben, die dann überall verbreitet und
abgeschrieben wurde. Ich bin sehr stolz, daß mein
Opa so berühmt ist. Vater hat mir erzählt, daß Du
Jesus gar nicht gekannt hast, Du wärest noch ein Kind
gewesen, als er gekreuzigt wurde. Woher weißt Du
dann soviel über ihn? Vor allem, woher weißt Du die
Geschichte von seiner Geburt mit den Hirten, den
Engeln und der Krippe? Die anderen Männer, die die
Jesusgeschichte aufgeschrieben haben, berichten
doch gar nicht oder ganz anders über das Kind. Bitte
schreib mir bald! Dein Jotham«

Der alte Lukas lächelt, als er den Brief liest. Er freut
sich, daß sein Enkel sich so für Jesus interessiert. Er ist
auch ein wenig stolz, daß er so gut beobachtet und
schon so kluge Fragen stellt in seinem Alter.

Wie oft hat er Menschen gefragt nach ihren Begeg-
nungen mit Jesus. Wie hat er sich bemüht, so dicht
wie möglich sich an den wirklichen Jesus heranzuta-
sten. Und dann hatte er soviele Berichte und Erzäh-
lungen und Jesusworte, und alle waren so unter-
schiedlich, je nachdem, wer sie weitererzählte und
was ihm an Jesus wichtig war. Da hatte er Leute
getroffen, die flogen auf Wundergeschichten, je
wunderbarer und unwahrscheinlicher, desto besser.
Andere merkten sich, was Jesus gesagt hatte und versuchten, es möglichst genau wiederzugeben. Diese

16

Unterschiede hatten ihn manchmal fast zur Verzweiflung gebracht. Und dann hatte er eines Tages gemerkt: Jedem von uns begegnet Jesus anders. Jeder begreift ihn auf seine Weise. Auch ich begegne Jesus in allem, was ich über ihn höre und lese. Und er begegnet mir trotz der zeitlichen Entfernung. Und da hatte er sich hingesetzt und froh und betroffen zugleich sein Evangelium geschrieben.

Aber wie soll Lukas das alles, wofür er so lange gebraucht hat, um es zu begreifen, nun seinem 12jährigen Enkel erklären? Er holt die Schreibgeräte hervor und denkt nach. So leicht wie damals an Theophilus geht es ihm heute nicht von der Hand.

»Lieber Jotham!« schreibt er schließlich – »Über Deinen Brief habe ich mich sehr gefreut. Schön, daß es Dir gutgeht. Mir geht es hier auch ganz gut. Es ist ja in diesen Zeiten nicht ganz ungefährlich, sich als Christ zu bekennen, aber uns Alte lassen sie meist in Ruhe. Ich freue mich, daß Du so ein Interesse an meinem Evangelium hast. Woher ich das alles weiß, fragst Du, wo ich Jesus doch gar nicht persönlich gekannt habe. Weißt du, ich habe ihn kennengelernt lange nach seiner Kreuzigung. Ich habe mit Menschen gesprochen, aus deren Leben ein heller Schein leuchtete, die wieder Freude empfinden konnten und Hoffnung haben und vor ihrer Begegnung mit Jesus tot und abgestumpft und verzweifelt waren. Ich habe Menschen getroffen, die eine Liebe und Wärme ausstrahlten, daß sie ihre ganze Umgebung damit veränderten. Sie sagten mir, diese Liebe und Wärme hätten sie von ihm. Ich habe Arme getroffen, die reich waren; Unterdrückte, die selbstbewußt waren; Ausgestoßene, die Gemeinschaft hatten. Und all das hatte seine Ursache bei ihm, seiner frohen Botschaft, seiner Liebe, seinem Leben. So ist er mir begegnet. In vielen Menschen ist er mir begegnet.

Du fragst vor allem nach der Geschichte von seiner Geburt, ob das wahr ist mit den Engeln, den Hirten, der Krippe. Du hast recht, die anderen schreiben gar nichts darüber oder andere Geschichten. Über Jesus als Kind ist auch wenig bekannt. Legenden sind manche entstanden. Eigentlich war er einfach da, nur für kurze Zeit. Er ist seinen Weg gegangen bis ans Kreuz. Was vorher war, darüber weiß man nicht viel.

Ich wollte ihn darstellen und verkündigen, so, wie er den Menschen begegnet ist. Ich wollte in der Geschichte von dem Kind zeigen, was für ein Mann er war.

Weißt Du, wir hatten doch alle auf einen ganz anderen Retter gewartet, einen mächtigen König, der eine Streitmacht aufbaut und die Feinde erschlägt; einen König, der auf einem Schlachtroß daherkommt, nicht auf einem Esel. Daß der Retter der Welt nicht oben bei den Mächtigen, sondern ganz unten im Elend der Armen zu suchen wäre, das wollte mir zuerst auch gar nicht in den Kopf. Statt auf den Königsthron haben sie ihn auf das Kreuz gehoben. Kann er da geboren sein in einem Himmelbett im Palast? ›Und sie gebar ihren ersten Sohn und wickelte ihn in Windeln und legte ihn in eine Krippe, denn sie hatten sonst keinen Raum in der Herberge.‹ Trifft das nicht genau die Wahrheit über ihn? Und sicher waren keine Höflinge und Diener um ihn herum. Zu den Ärmsten, den Ausgestoßenen ist er gegangen. Müssen es da nicht die Hirten gewesen sein, die zuerst von seiner Geburt erfuhren? An ihm haben wir begriffen: Die Rettung kommt nicht von den Mächtigen, von oben. Gewalt und Stärke schaffen nur neue Unterdrückung und Unfrieden. Sein Frieden kam aus der Liebe, die schwach und wehrlos ist und die trotzdem siegt. Mit seiner Geburt ist ein Stück Himmel auf Erden gekommen. Deshalb strahlt bei seiner Geburt das Himmelslicht auf die Erde. Ich habe es in den Gesichtern vieler Menschen wiedergefunden.

Und die Freude, die sein Kommen für die Welt bedeutet, ist sie nicht so groß, daß nur der Anführer der himmlischen Heerscharen sie verkünden kann? In meiner Weihnachtsgeschichte ist das Elend für alle offenbar. Seine Größe ist uns verborgen, so wie uns das himmlische Licht und die himmlischen Heerscharen verborgen sind. Aber beides ist in ihm, Niedrigkeit und Größe. So ist er mir begegnet, und so wollte ich von ihm erzählen.

Lieber Jotham, eine lange Antwort auf Deine Frage. Ich weiß nicht, ob Du das alles schon verstehst. Aber wenn Du gelernt hast, ihm zu begegnen in der so schwachen Liebe der Menschen, der Liebe, die unser Leben hell macht, dann wirst Du auch meine Weihnachtsgeschichte verstehen. Grüß alle von mir und sei selbst ganz lieb gegrüßt von Deinem Großvater Lukas. «

Lukas ist müde geworden beim Nachdenken, beim Schreiben. Aber sein Gesicht ist ganz hell. In ihm ist wieder die Freude durchgebrochen, die ihn erfüllte, als er damals zum erstenmal aufschrieb: Fürchtet euch nicht! Siehe, ich verkündige euch große Freude, die allem Volk widerfahren soll, denn euch ist heute der Heiland geboren, welcher ist Christus, der Herr in der Stadt Davids.

Johnnys Weihnachten

In dem kleinen Ort Bethel bei Bielefeld dreht sich niemand nach dir um, wenn du auf der Straße singst. Niemand findet es komisch, wenn du als Fußgänger einen Sturzhelm aus Leder trägst, der bei einem plötzlichen Anfall den Kopf schützen soll. Und es ist völlig normal, wenn ein mongoloider junger Mann lächelnd auf dich zukommt und sagt: »Ich bin Johnny. Ich möchte dein Freund sein. Wie heißt du denn?« So ist Johnny mein Freund geworden, und ich habe ihn etwas kennengelernt. Als Johnny geboren wurde, war sofort zu sehen, daß er mongoloid war, und bald merkte man auch, daß er schwachsinnig war. Trotzdem, er war so liebevoll wie selten ein Kind, als wollte er den Mangel an Intelligenz damit ausgleichen. Die Familie sah sich überfordert, ihn zu behalten und alles Nötige für ihn zu tun. Sie fanden einen Platz für ihn in Bethel. Dort wohnte er seit seinem 10. Lebensjahr. Als er mein Freund wurde, war er 28. Johnny tat immer sehr wichtig und bedeutsam. Wenn die anderen abends am Fernseher saßen oder Karten spielten, dann holte er aus seinem Schrank Papier und Ordner, einen Locher und einen Stempel. Das hatte er sich alles von seinem Taschengeld gekauft. Er malte große Buchstaben auf das Papier, drückte dann mehrfach seinen Stempel darunter, lochte das Blatt und heftete es in den Ordner. Das dauerte so eine gute Stunde, und Johnny sah sehr aufmerksam aus dabei. Besonders glücklich war er, wenn Mitbewohner, die geistig noch schwächer waren als er, ihm bewundernd zusahen und mit leisem Neid seine Fähigkeiten und seine wichtige Ausrüstung bestaunten.

Das ganze Jahr über war Johnny eigentlich an Kirche nicht besonders interessiert. Er ging zwar manchmal mit zur Zionskirche, wo Behinderte und Gesunde gemeinsam den Gottesdienst feiern und niemand böse wird, wenn Johnny bei der Predigt plötzlich seine eigenen Gedanken auch mal laut sagt, seine religiöse Begeisterung begann aber erst, als der Adventskranz hingestellt wurde. Dann wurde er ein ganz anderer Mensch. Er begann innerlich zu glühen. Richtig zappelig wurde er und verlor seine sonst so gemessene Wichtigkeit. Sobald im Haus irgendwo Weihnachtsvorbereitungen getroffen wurden, war er sofort dabei und wollte helfen. Als ob dadurch schneller Weihnachten würde. In einem Jahr wurde er dabei erwischt, so erzählte man mir, wie er von einem Abreißkalender gleich eine ganze Woche abriß, nur damit das Christkind bald käme. Es war jedoch eine so eindrucksvolle Freude in ihm und um ihn, daß man ihm seine Unruhe gern verzieh.

Was war nun in der Weihnachtszeit mit Johnny los? Das war ein Rätsel, das mich immer mehr beschäftigte. Da er selten ganze Sätze sprach und nie lange bei einem Thema blieb, war es schwierig, ihn direkt zu fragen. Ich versuchte es, indem ich immer mal wieder Sätze so hinwarf, um zu sehen, wie er darauf reagierte. »Bald wird ja schon der Weihnachtsbaum aufgestellt, Johnny.« Keine große Reaktion. Der Baum war es also schon mal nicht. »Was wünschst du dir denn zu Weihnachten, Johnny?« Große Ratlosigkeit. Solche materielle Berechnung lag also auch nicht dahinter. Kein Versuch zeigte Erfolg. Eher durch Zufall kam ich dann doch noch dem Grund seiner großen Liebe zu Weihnachten auf die Spur. Zwei Tage vor Heilig Abend machte ich sein Zimmer sauber und sah plötzlich, daß er auf seinem Tisch, auf dem sonst immer seine geschäftlichen Papiere angefertigt wurden, eine Krippe aufgebaut hatte. Am Abend zuvor mußte das passiert sein. Abenteuerlich sah diese Krippe aus. Er hatte die Figuren wohl einzeln in der Brockensammlung zusammengeschnorrt. Schafe aus Holz, Hirten aus Ton, sogar ein Engel aus Porzellan war dabei. Der Gipfel war die Krippe selbst. Sie war aus Plastik und viel zu groß im Vergleich zu den anderen Figuren. Das Christkind eine Plastikpuppe, herausnehmbar. Es war mindestens zwanzigmal so groß wie Maria, die mir von einer kaputten Weihnachtspyramide zu stammen schien. Das ganze Ensemble hätte mich ja noch irgendwie gerührt, wenn nicht dieses furchtbare Christkind gewesen wäre. Ich wollte gerade in meiner Ahnungslosigkeit eine entsprechende Bemerkung machen, als ich plötzlich so aus den Augenwinkeln wahrnahm, daß Johnny mich mit äußerster Intensität beobachtete, wie ich mir die Krippe ansah. So konnte ich gerade noch meinen Satz in eine positive Richtung lenken: »Das ist aber ein... großes Christkind!« Sofort stand Johnny neben mir. Er hatte nur darauf gewartet, daß ich etwas sagte. »Schön, ne«, rief er aus, »Christkind!« Selten habe ich das Wort »schön« mit solcher Inbrunst und Bewunderung gehört. »Christkind ist Johnnys Freund, Johnnys größter Freund, bester Freund. Für Christkind ist Johnny ganz klug, ganz wichtig. Christkind hat Johnny eigenes Zimmer geschenkt. Johnny hat Christkind ganz lieb.« Das war wohl die längste Rede, die Johnny je gehalten hatte. Ich war etwas irritiert durch diese Schwärmerei. Natürlich, man freut sich über das Kommen Jesu in diese Welt. Natürlich ist er wichtig für uns. Aber zu Weihnachten bei der Bescherung ist die Freude über die neue Pfeife doch wesentlich näher als die Freude über das Kind in der Krippe. Ist ja auch bald 2000 Jahre her. Und Johnny ist so richtig verliebt in das Christkind, nennt es seinen besten Freund, sieht hier den Grund seiner Weihnachtsfreude. Als ich mich etwas gefaßt hatte, meinte ich: »Es ist gut, daß Jesus gekommen ist.« – »Jesus ist guter Mann, macht Kranke gesund«, sagte Johnny ohne große Be-

geisterung, um gleich fortzufahren: »Aber Christkind Johnnys bester Freund!« Es war nicht zu glauben, er hatte noch nicht einmal begriffen, daß Jesus
und das Christkind ein und dieselbe Person meinen
und konnte sich doch wochenlang mit steigender Intensität auf dieses Christkind freuen. »Wer hat dir gesagt, daß das Christkind dein bester Freund ist?«
fragte ich. »Bruder Albers hat gesagt«, antwortete
Johnny. Einen Diakon Albers gab es nicht im Haus.
Ich fragte den Hausvater nach ihm. »Ja, der hat bis
vor – na – ungefähr sechs Jahren hier gearbeitet. Jetzt
ist er in einem anderen Haus.« Ich fand bald heraus,
wo er jetzt arbeitete und ging an einem freien Nachmittag dort vorbei. Mich interessierte mächtig, wie
jemand diese Vorstellungen in Johnnys Kopf bekommen hatte. Diakon Albers war dabei, die Medizin für
den Abend für jeden in einen kleinen Becher zu tun.
Ich stellte mich vor und sagte, daß ich ein Freund von
Johnny wäre. »Ja«, lachte er, »Johnny! Ich bin auch
ein Freund von Johnny. Wie geht es ihm denn?« Ich
erzählte von ihm und kam bald auf seinen seltsamen
religiös etwas einseitigen Tick. »Und Sie waren der-
jenige, der diese unendliche Liebe zum Christkind
ausgelöst hat« endete ich. Diakon Albers dachte
nach. »Es muß auch im Medikamentenraum gewesen sein, so wie hier. Ich weiß, daß ich ihn einmal vor
Weihnachten verarztet habe. Die anderen hatten ihm
ein Stück Holz in den Arm gestoßen, und die Wunde
wollte nicht heilen. Da kamen wir mal auf das Christkind zu sprechen. Ich hatte wohl nicht viel Hoffnung,

daß er mich versteht, aber beim Verbinden sagte ich ihm, das besondere am Christkind sei, daß es jeden von uns liebhabe und unser Freund sei, egal, wie klug, wie gut, wie geschickt wir sind. Und ich muß ihm wohl gesagt haben, daß Menschen, die das Christkind liebhaben, Geld gesammelt haben, damit das Haus erweitert werden kann, und er ein eigenes Zimmer bekommt. Ich wußte, wie sehr er sich auf ein Einzelzimmer freute, weil er solche Angst vor den anderen hatte. Ich weiß nicht, was ich ihm noch über das Christkind erzählt habe. Es war eigentlich mehr so nebenbei, und ich habe gar nicht erwartet, daß er davon etwas behält.« – »Er muß Ihre Worte mächtig in seinem Herzen bewegt haben«, sagte ich, »in seinem Herzen, das noch viel größer ist als sein Kopf. Es wird seine Zeit gedauert haben, bis alles an seinem Platz lag. Aber jetzt ist eine totale Liebe zum Christkind dabei herausgekommen, seinem größten Freund, der auch ihn liebhat, so wie er ist, und der ihm ein Einzelzimmer besorgt hat.« Ich erzählte dem Diakon von der Sammelkrippe mit dem überdimensionalen Christkind aus Plastik.

Das ist also die Geschichte von Johnnys Weihnachten. Ich denke in dieser Zeit immer gern an ihn und seine Krippe zurück, und irgendwie empfinde ich dann eine Sehnsucht tief in mir, und manchmal wünsche ich mir, ich könnte mich so auf die Geburt des Kindes freuen wie dieser mongoloide, schwachsinnige, glückliche Johnny.

Und Joseph?

Also ich komme in den ganzen schönen Geschichten der Evangelisten eigentlich ziemlich schlecht weg, obwohl ich doch der Vater des Jesuskindes bin. Zu sagen habe ich nicht viel. Joseph darf die Arbeit machen, die Arbeit, die keiner sieht. Erst Maria in ihrem Zustand nach Bethlehem bringen, dann die Suche nach einer Unterkunft, bis wir diesen Stall gefunden hatten. Und dann die Geburt unter diesen Umständen! Was meint ihr, wie hilflos ich mir vorkam! Natürlich keiner da, der helfen konnte. Die kamen alle erst nachher, als das Kind längst sauber in der Heuraufe lag. Und ich mit meinen Zimmermannshänden, ich sollte Maria helfen. Zum Glück konnte sie mir alles genau sagen, was ich zu tun hatte. Unter solchen Umständen sollte eine Frau kein Kind kriegen müssen. Ehrlich gesagt, ich habe geheult zwischendurch. Wenn ich bedenke, was Maria so mitgemacht hat, dann hat sie es schon verdient, daß sie in den Geschichten auch mehr im Mittelpunkt steht als ich. Auf sie bin ich auch gar nicht neidisch. Aber die Hirten zum Beispiel, die nichts groß getan haben und auch nichts zu erleiden hatten, die nehmen doch in der Weihnachtsgeschichte mehr Platz ein als ich, der Vater. Kommen angelaufen und starren das Kind an. Erzählen überall rum von Engeln und einer Botschaft. Zuerst hätte ich sie am liebsten rausgeschmissen. So eine Rücksichtslosigkeit! Besuch konnten wir so kurz nach der Entbindung am wenigsten gebrauchen, so kaputt, wie wir waren. Aber irgendwie konnte ich sie doch nicht rauswerfen. Sie hatten Gesichter wie Kinder, so hell und glücklich sahen sie aus... Das paßte gar nicht zu den alten, zerlumpten Gestalten. Und ich muß zugeben, geschmeichelt hat es mir schon, als sie so einen Wirbel um das Kind machten und so durcheinanderredeten von der Erfüllung der Hoffnungen, der Freude der Menschen, dem Frieden für die Welt. Und all das sollte mit meinem Sohn zu tun haben.

Mein Sohn – ja, da fängt mein ganzer Kummer an. Die nehmen ihn mir ja richtiggehend weg. »Sohn Gottes« heißt es dann später und »Jungfrauen Sohn« und »empfangen durch den heiligen Geist«. Und wo setzt der Matthäus an, der das alles aufgebracht hat? Weil wir erst gcheiratet haben, als das Kind schon unterwegs war, deshalb diese ganzen Ideen. Und wie ich dabei wieder wegkomme! Ich hätte Maria verlassen wollen, als sie schwanger war. Was der mir zutraut! Ein Engel hätte mir im Traum erst noch gut zureden müssen, damit ich Maria nicht sitzenlasse.

Mensch, wir haben doch sofort beschlossen, zu heiraten. Nicht einen Augenblick habe ich daran gedacht, abzuhauen. Was hätte sie denn auch anfangen sollen mit dem Kind, allein. Als ob ich so einer wäre! Wenn da einer geträumt hat, dann der Matthäus.

Ihr merkt schon, das ist mein großer Kummer, daß ich nicht der Vater sein soll. Auf der einen Seite brauchen sie mich. Sie stellen ihn ja als den Messias hin, der nach alten Weissagungen aus dem Geschlecht des großen Königs David kommen soll. Ich bin aus dem Geschlecht Davids; und siehe da: Für den Stammbaum bin ich gut genug, um die Verbindung zu David und den Weissagungen herzustellen. Und dann sprechen sie mir im selben Atemzug mein Kind wieder ab. Lange habe ich darunter gelitten und mich darüber geärgert. Später habe ich ein klein wenig davon begriffen, was sie meinen, wenn sie ihn Sohn Gottes nennen. Wir haben ihn dann ja selten zu sehn bekommen. Überall und nirgends war er. Nur von anderen hörten wir dauernd über ihn, und die waren sehr unterschiedlicher Meinung.

Einmal habe ich ihn selbst gehört. Er erzählte den Schriftgelehrten eine Geschichte von einem Vater und seinen zwei Söhnen, und der Vater war ein Bild für Gott. So anders, so liebevoll habe ich noch nie von Gott reden gehört. Im Gebet sprach er ihn mit »Abba« an. Abba, so hatte er als kleines Kind immer mich genannt. Mir fiel ein, wie er als Kind in der Werkstatt dauernd um mich rum war. Ich mußte immer aufpassen. Wenn ich ein Brett wegwarf, mußte ich immer erst gucken, ob er nicht im Wege saß oder stand. So oft es ging, krabbelte er mir auf den Schoß, und ich mußte ihm erzählen oder seine vielen Fragen beantworten. Als Kind hat er mir eigentlich von allen am nächsten gestanden, sicher weil er der erste war und wegen dieser ganzen besonderen Geschichte mit seiner Geburt. Die anderen Kinder kamen auch gar nicht so oft zu mir in die Werkstatt.

Als er so von Gott redete, als er den Ausdruck »Abba« für Gott gebrauchte, das ging mir durch und durch. Da muß er wohl immer gemerkt haben, wie sehr ich ihn liebe, auch wenn ich sonst nicht ein Mensch von vielen Worten bin. Gott als Vater, und die Menschen als seine Kinder. So verstand er sich als Sohn Gottes. Und das habe ich später begriffen: Darauf brauche ich nicht eifersüchtig zu sein. Ich kann wohl eher stolz sein. Wäre ich ein schlechter Vater gewesen, er wäre wohl kaum auf dieses Bild gekommen. Und das haben alle verstanden, und deshalb haben sie ihm so gern zugehört. Wenn er von Gott sprach, dann bekam man es nicht mit der Angst. Da war nicht zuerst von Gesetz und Strafe die Rede und von Ehrfurcht, sondern von Liebe, wie sie ein Vater ganz einfach seinen Kindern gegenüber empfindet, und von der Liebe der Kinder zum Vater. Das hat den Schriftgelehrten nicht gepaßt. Ist doch klar, das war zu einfach. Das verstand ja jeder.

Er hat den Menschen neu Gott nahegebracht. Und das ist wohl der weitere Grund, warum sie ihn dann Sohn Gottes nannten. Er stand für sie in solcher Nähe zu Gott. Er war für sie der Weg zu Gott. Sohn Gottes, das soll wohl einfach die Enge der Verbindung ausdrücken.

Als mir das alles immer klarer wurde – sehr spät, muß ich allerdings zugeben – da war es mir dann auch nicht mehr ein so großes Problem, daß meine Vaterschaft etwas zweifelhaft dargestellt wurde. Und inzwischen gönne ich all den anderen ihren großen Auftritt in der Weihnachtsgeschichte und bin ganz zufrieden mit meiner Rolle: Der biedere Zimmermann Joseph, der nicht viel zu sagen hat und nicht viel hermacht.

Wichtig sind nicht diese Geschichten, sondern das, was sie über ihn sagen. Und das kommt doch deutlich heraus: Er ist der Mittelpunkt. An ihm hängen alle unsere Hoffnungen. In ihm begegnet uns ein liebevoller Gott, Abba, der Vater, und wir sind seine Kinder. Ist es da noch wichtig, welche Rolle ich, Joseph, in der Weihnachtsgeschichte spiele?

Agnes Schulte wird Mensch

Agnes Schulte war in ihrem Leben immer eine sehr tüchtige Frau gewesen. Als Kind schon hatte sie gelernt, was Pflicht bedeutet. Sie war in der Landwirtschaft aufgewachsen. Damals war es noch selbstverständlich, daß die Kinder von klein auf mitarbeiteten. Da gab es gar keine Diskussion. Als sie dann ihren, inzwischen lange verstorbenen, Mann Wilhelm Schulte heiratete, kam eine Vielzahl von Aufgaben auf sie zu. Er war Malermeister. Das Geschäft des Vaters übernahm er bald nach der Hochzeit. Damals gab es auch in kleineren Betrieben mehrere Lehrlinge, die mit zum Haushalt gehörten. Agnes Schulte kochte für alle, machte nebenbei den ganzen Papierkram für den Betrieb, hielt das Haus in Ordnung. Ja natürlich, vier Kinder hat sie auch großgezogen und das nicht nebenbei. Als die Kinder zur Schule kamen, verfolgte sie sehr genau, was dort geschah. Sie fragte in den höheren Klassen Vokabeln ab, hielt ihre Kinder zu Fleiß und Ordnung an. Und wenn aus all ihnen etwas geworden ist, so ist das nicht zuletzt ihrer Tüchtigkeit und ihrem Ehrgeiz zu verdanken. Auch im Betrieb ihres Mannes hielt sie auf Korrektheit, und die Firma hatte bald einen ausgezeichneten Ruf wegen ihrer Zuverlässigkeit. Agnes Schulte verlangte sich viel ab. Sie stand vor den anderen auf, um alle zu versorgen. Sie war meist die letzte, die ins Bett ging. Es blieb immer soviel liegen bei den vielfältigen Aufgaben des Tages. Sie war eine beispielhaft tüchtige Frau, Chefin und Mutter. Ihre Leistung wurde ungeteilt von allen anerkannt. Auf sie konnte man sich verlassen. Sie war immer die Perfektion und Tüchtigkeit in Person.

Eines allerdings war festzustellen: Die Menschen gingen nur zu ihr, wenn sie sie brauchten. Sie war nicht der Typ für ein nachbarschaftliches Gespräch beim Einkaufen. Sie hielt auch sonst nicht viel von Geselligkeit, das konnten sich vielleicht Leute leisten, die nicht solche Verantwortung hatten. Die Kinder versuchten meist, ihre Probleme mit dem Vater zu besprechen. Er war ganz anders. Er sah Versagen in der Schule nicht so tragisch. Er verstand ihre kindlichen Ängste und Probleme. Auch die Lehrlinge sahen immer zu, daß sie außerhalb der Reichweite der Chefin waren. Nicht, daß sie ungerecht gewesen wäre oder jemanden schlecht behandelt hätte, aber sie hatte einen sehr genauen Blick und entdeckte jede Unvollkommenheit sofort. Dann konnte sie sehr deutlich sagen, was sie von Schlamperei und Faulheit hielt.

Solange ihr Mann noch lebte, kamen die inzwischen erwachsenen Kinder oft und gern nachhause. Selbst die ehemaligen Lehrlinge ließen sich immer mal wieder blicken. Als sie dann allein zurückblieb, wurde sie zunehmend einsamer. Natürlich kümmerten sich die Kinder anfangs um sie, besuchten sie noch oder luden sie zu sich ein. Aber wegfahren konnte sie nicht. Das Haus durfte nicht alleingelassen werden. Sie mußte doch alles in Ordnung halten.

Agnes Schulte wurde immer einsamer. Jeder hätte ihr sagen können, was der Grund dafür war. Man empfand sie als harten Menschen, von dem regelrecht Kälte ausstrahlte. Jeder mußte ihre Korrektheit, ihre Leistungen anerkennen, aber die meisten hatten Angst davor, mit ihr zusammen zu sein, Kinder und Erwachsene. Alles, was mit Liebe, Zeit haben für andere und mit Zärtlichkeit zu tun hatte, konnte in ihrem Leben nie wichtig sein, teils durch die äußeren Umstände, teils durch die Ziele, die sie sich selbst gesteckt hatte.

Kirche, christlicher Glaube, das alles hatte nie eine besondere Rolle für sie gespielt, obwohl es in ihrem Ordnungsdenken auch seinen festen Platz hatte und in gemäßigter Form dazugehörte. So achtete sie sehr darauf, daß zu Weihnachten die ganze Familie in die Christvesper ging. Und sie bereitete der Familie auch immer ein perfektes Fest mit Lichterbaum und Gänsebraten – früher jedenfalls, als sie noch alle im Haus waren. Mit dem, was sie in der Kirche hörte, konnte sie nie viel anfangen. Es paßte nicht zu ihren Vorstellungen von der Wirklichkeit. Der Tüchtige hat Erfolg. All das Reden von Vergebung, von geschenktem Leben, das war Gefühlsduselei. Sie hatte sich immer alles verdient und geschaffen.

Vor einigen Jahren saß sie wieder im Weihnachtsgottesdienst, allein, die Kinder konnten zum Fest nicht kommen. Sie war sehr viel nachdenklicher geworden inzwischen, einmal weil sie die Zeit dazu hatte, zum anderen, weil sie unglücklich war und sich immer wieder fragte, woran das lag.

So hörte sie in diesem Gottesdienst die Weihnachtsgeschichte mit ganz anderen Ohren als früher, fragender, suchender. Der Pfarrer sagte, daß das Christuskind da zu uns kommt, wo wir arm, hilflos, unsicher sind. Diejenigen, die alles wüßten, die alles hätten, die würden Anstoß nehmen an diesem Kind, das so wenig hermacht und doch das Licht der Welt ist.

An diesem Fest ging Agnes Schulte ihre ganzen Lebenserinnerungen durch und zwar diesmal anders als sonst. Sie suchte nicht nach den Punkten, was alles sie doch geschafft und geleistet hatte, worauf sie stolz sein konnte. Sie fragte sich auf einmal, was sie versäumt hatte in ihrem Leben, wo sie arm geworden war. Im Januar wurde sie 75. Der Pfarrer besuchte sie. Er wollte eigentlich nur kurz gratulieren, aber dann entspann sich ein langes Gespräch, in dem Agnes Schulte aus ihrem Leben erzählte und wie es ihr jetzt erging.

Nun wird sie im Januar 80. Das wird groß gefeiert. Nicht nur, weil es ein runder Geburtstag ist, sondern weil inzwischen die Kinder, und vor allem die Enkel-kinder gern zu ihr kommen. Man kann sich kaum vorstellen, wie sich ihr Leben verändert hat. Über Gruppen im Ort fand sie Gemeinschaft mit anderen Menschen. Sie wurde fröhlich und gesellig, und die anderen waren gern mit ihr zusammen. Ihre kritische Haltung, ihr Herausstreichen der eigenen Tüchtig-keit hatte sie ganz abgelegt. Auf einmal konnte sie Wärme verbreiten, andere froh machen. Agnes Schulte mit 70, und derselbe Mensch mit 80, dazwi-schen lagen Welten. Auch die Kinder hatten schnell die Veränderung an ihrer Mutter gespürt. Sie konnte ihr Haus verlassen, und ihre Besuche waren keine ge-fürchteten Visitationen, sondern bald freuten sich alle, wenn sie kam, vor allem auch die Enkelkinder, für die Oma Agnes bald so etwas wie der Mittelpunkt der Familie wurde. An ihrem 80. Geburtstag wird man das merken.

Wenn man sich all die Veränderungen in ihrem Le-ben ansieht, bedenkt, wie kalt und unglücklich sie vorher war, dann kann man mit Recht sagen: Da-mals, Weihnachten vor fünf Jahren, da ist Agnes Schulte Mensch geworden.

Wir aus Bethlehem

Alle kommen sie in der Weihnachtsgeschichte vor und in den vielen Weihnachtsgeschichten und -bildern, die später geschrieben und gemalt wurden: Maria und Joseph, und das Kind natürlich, Hirten, Engel, Könige, der Wirt, ja sogar das Viehzeug im Stall übernimmt bisweilen die Hauptrolle in einem Krippenspiel oder in einer Weihnachtsgeschichte. Nur wir ganz normalen Einwohner von Bethlehem, wir sind uninteressant für die großen Maler und Dichter.

Man denkt vielleicht, wir hätten nicht viel mitgekriegt von alledem. Naja, Trubel war genug damals. Durch die Volkszählung ging ja alles durcheinander. Viele lagen auf der Straße. Bethlehem war überfüllt, bloß weil der Kaiser noch mehr Steuern aus uns rausholen wollte mit der Zählung. Aber mitbekommen habe ich schon einiges. Nicht gerade all das, was der Lukas dann so schrieb, der hat ja eine mächtige Phantasie. Engel habe ich keine umherfliegen sehen, und das Licht des Himmels fiel auch nicht auf die Erde herunter. Aber eine besondere Nacht war es schon. Ich habe zuerst von den Nachbarn gehört, so ein Gemunkel, im Stall bei den drei alten Palmen, der Abia gehört, sei nachts was losgewesen. Sonst interessiere ich mich ja nicht groß dafür, was andere Leute machen. Soll sich doch jeder um seine Sachen kümmern. Aber man muß ja schließlich auf dem laufenden sein. »Da ist ein Kind geboren im Stall«, hieß es. »Die Eltern haben keinen Platz mehr bekommen im Wirtshaus, obwohl die Frau doch offensichtlich hochschwanger war.« Auf diese Weise ist Obed, unser Gastwirt, in die Weihnachtsgeschichte reingeraten. Ich gönne ihm das ja, daß er schlecht dabei wegkommt, knickerig, wie der ist. Leider hat Lukas weder ihn noch sein Wirtshaus mit Namen erwähnt. Das hätten wir alle dem Alten gegönnt.

Als ich von der Geburt hörte, dachte ich nur: »Da hättste kein Kind kriegen mögen in dem Mist und Gestank.«

Die Hirten von Abia sind ja ganz närrisch gewesen, vor allem die alten. Das hatten sie noch nicht erlebt, ein neugeborenes Kind in ihrem Stall. Die sollen sich fast überschlagen haben in ihrer Fürsorge für Mutter und Kind. Haben ja noch Wochen später so getan, als ob sie die Väter gewesen wären. »Dieses Kind ist etwas ganz besonderes!« erzählten sie überall, »das war die heilige Nacht!« Ja, sogar, daß der neue König dort geboren sei, der Israel erlösen wird, haben sie überall rumerzählt, der Messias sei gekommen. Naja, man weiß ja, daß die Hirten alle ein bißchen spinnen.

Kommt wohl von der Einsamkeit. Dauert nicht lange, und sie unterhalten sich mit ihren Ziegen und Schafen. Der Messias in Abias altem Stall! Wir haben noch oft darüber gelacht, wenn wir bei Obed in der Kneipe saßen. »Du hast den Messias nicht in dein Haus gelassen!« haben wir zu Obed gesagt und uns schiefgelacht dabei. Er hat dann nur geknurrt, als ob ihm nicht ganz wohl wäre bei der Sache. Hat er nicht gerne gehört.

Ein paar Wochen darauf ist uns dann auch das Lachen vergangen. Kamen doch plötzlich die Soldaten des Herodes und suchten überall nach kleinen Kindern unter zwei Jahren, und wo sie einen Jungen fanden in dem Alter, da haben sie ihn mit dem Schwert erschlagen wie ein Tier. Der Kleine aus Abias Stall war da noch kein halbes Jahr, und seine Eltern waren längst mit ihm über alle Berge. Es hieß, die drei seien nach Ägypten gegangen, aber vielleicht waren sie auch einfach wieder nach Hause wie die anderen alle nach der Volkszählung auch. Aber die Soldaten sind auf Nummer Sicher gegangen, alle haben sie umgebracht bis zu den Zweijährigen. Das Gerücht von dem neuen König, das die Hirten in die Welt gesetzt hatten, war bis zu Herodes gedrungen. Der wußte noch, wie sein Vater, Herodes der Große, mit dem letzten Thronanwärter der Makkabäer kurzen Prozeß gemacht hatte und so selbst König wurde. Da wollte er gleich den Anfängen wehren. Meine Cousine Rahel hatte gleich zwei Jungen in dem Alter. Der eine wurde bald zwei, der andere war man gerade erst ein paar Wochen alt. Sie hat sich nie wieder erholt davon und suchte noch nach Jahren ihre Kinder. Völlig durch den Wind war sie.

Das war eine schlimme Sache damals. Aber dann war auch Ruhe. Jahrzehnte hat niemand dran gedacht, an diese seltsame Nacht und die Geburt in Abias Stall.

Später hörten wir, daß da oben in Galiläa einer durchs Land zieht und großen Zulauf hat. Er predigte zu den Armen und erzählte ihnen, daß sie Kinder Gottes seien, auch sie, nicht nur die Schriftgelehrten und die hohen Herren. Aber da oben in Galiläa liefen ja schon immer solche Aufrührer rum. Der ganze Widerstand gegen die Römer kommt daher. Als ob man das römische Joch mit großen Reden und ein paar Schwertern abschütteln könnte! Jesus hieß der Mann, und man sagte, sein Vater sei Zimmermann in Nazareth. Als seine Reden bis zu uns drangen, hat unser Lehrer uns gewarnt. »Das ist ein Umstürzler«, sagte er, »er greift das Gesetz an, das heiligste. Er meint, er könne Mose über den Haufen werfen. Die Leute hören immer gern, wenn man gegen die Ordnung zu Felde zieht und vor allem gegen die Obrigkeit. Aber seht euch vor, das ist ein gefährlicher Verführer!« Die meisten hätten seine Warnung gar nicht nötig gehabt. Wenn man auf jeden hören wollte, der große Parolen verbreitet, da hätte man ja viel zu tun.

Dann kam er auch in unsere Gegend. Vor allem in Bethanien hat er wohl viele Freunde und Anhänger gefunden. Von dort wurden wahre Wunderdinge berichtet. Er soll Kranken geholfen haben, und er predigte, daß mit seinem Kommen die Herrschaft Gottes angebrochen sei. Wir haben davon in Bethlehem nichts gemerkt. Die Herrschaft der Römer, die konnten wir spüren, deutlicher als uns lieb war.

Es kam, wie es kommen mußte. Wer sich mit denen da oben anlegt, der hat kein langes Leben. Ganz geschickt haben sie den Römern gesteckt, daß er Aufruhr gegen den Kaiser plane, daß er Israel befreien und König werden wolle. Bei sowas sind die Römer schnell dabei und machen kurzen Prozeß. Sie wunderten sich wohl ein bißchen, daß unsere Leute ihn selbst anschleppten und anklagten, aber schließlich haben sie ihn gekreuzigt, wie so manchen Galiläer, der Aufruhr gegen Rom angezettelt hatte.

Seine Freunde waren jedoch nicht von ihm abzubringen. »Er lebt«, sagten sie, »sein Geist ist bei uns. « Und es wurden immer mehr, die an ihn glaubten, obwohl er doch hingerichtet war mit Schimpf und Schande. Manche Leute können sich einfach nicht mit den Realitäten abfinden. Und dann hat einer diese Geschichte ausgegraben, damals mit dieser Geburt in Abias Stall. Dieser Jesus aus Nazareth, den sie gekreuzigt haben, der soll das Kind gewesen sein. Ist schon eine komische Sache, damals das mit den Hirten und ihrem Erzählen von der heiligen Nacht und mit dem Messias. Und wenn das dann derselbe war, der später sagte, er sei der Beauftragte Gottes, mit ihm fange die Herrschaft Gottes auf Erden an und daß dabei die Armen, die, die sonst nichts zu sagen haben, auf einmal was wert sein sollen. Irgendwie paßt das doch nicht zusammen. Wenn er tatsächlich der Messias wäre – und dann in einem Stall geboren! *Ein* König ist in Bethlehem geboren, David, der Sohn des Hirten Isai. Bei ihm wußte man, woran man war. Das war ein König! Er hat Israel groß, reich und mächtig gemacht. Aber dieser Jesus? Ein König, der den Armen Hoffnung bringt, der nicht die Römer davonjagt, sondern von einer Herrschaft Gottes spricht?

Wir Leute aus Bethlehem sind ratlos. Die Meinungen gehen weit auseinander. Man müßte mehr über ihn wissen.

Jan

Mein Vater war einige Jahre Seemannspastor. Viele der Menschen, die er bei dieser Arbeit kennenlernte, haben ihn durch sein weiteres Leben begleitet, sei es, daß sie an den anderen Wohnorten plötzlich einmal wieder auftauchten, sei es, daß er sie und ihre Geschichten einfach nicht vergessen konnte.

Einer der interessantesten Seeleute, denen er begegnet war, hieß Jan. Der Nachname tut nichts zur Sache. Jan war Heizer auf der Europa, mit der auch mein Vater einigemale nach New York hinüberfuhr, um besseren Kontakt zur Besatzung, aber auch zu den Passagieren zu bekommen. Die Europa war damals in den dreißiger Jahren eines der schnellsten und modernsten Schiffe. Sie hatte das blaue Band für die schnellste Überquerung des Atlantik bekommen.

Jan lernte mein Vater bei den Bibelabenden kennen, die er unterwegs mit der Mannschaft hielt. Es wurde dabei ja nicht nur über die Bibel gesprochen, sondern auch darüber, was sie für die Menschen bedeutete. So manche Lebensgeschichte wurde erzählt. Und Jan, der konnte erzählen, genug erlebt hatte er ja auch. Sein Weg zur christlichen Seefahrt war so hart und romantisch wie der manches anderen am Ende des letzten Jahrhunderts. Jüngster Sohn eines kleinen Bauern in der nördlichen Heide, hatte er keine Chance, auf dem Hof zu bleiben. Auch sonst bot die Gegend wenig Möglichkeit, den Lebensunterhalt zu verdienen. Dazu kam, daß Jan durch seinen Onkel Peter schon früh Seemannsgarn vorgesetzt bekommen hatte. Der war nämlich einige Jahre in seiner Jugend Seemann gewesen, und dem Kind erzählte er nichts von Kälte, Sturm und Schlägen, sondern nur romantische Geschichten von der großen weiten Welt. Manchmal behält man ja nur die angenehmen Dinge in Erinnerung. Mit 15 wollte Jan zur See. Die Eltern waren dagegen. »Lerne lieber was Anständiges! Das sind doch alles nur Flausen!« So suchte sich Jan eines Nachts das wichtigste Hab und Gut zusammen, wickelte alles in eine alte Pferdedecke und machte sich heimlich auf den Weg nach Hamburg. Viele Segelschiffe gab es noch. Auf ihnen wurde immer ein Schiffsjunge gebraucht, den man herumschubsen konnte und anstellen für die Arbeiten, die keiner gern machte. Modern waren diese Segelschiffe nicht, denn gebaut wurden nur noch die neuen Dampfschiffe, die windunabhängig und schneller waren. Es waren harte Jahre, manch bösen Sturm hat er knapp überlebt. Schließlich war er richtiger Matrose und damit den schlimmsten Schikanen entronnen.

Er fuhr auf einem Frachter zwischen Bremerhaven und England, schon ein Dampfschiff, allerdings gerade groß genug für die Nordsee. Einmal in der Weihnachtszeit kamen sie aus England zurück. Nachts näherten sie sich der Küste, da begann es stürmisch zu werden und gleichzeitig brach ein solcher Regen und Hagel los, daß man nicht mehr die Hand vor Augen sehen konnte. Das Schiff wurde hin und hergeworfen. Niemand wußte mehr so recht, wo man war, aber das Schiff mußte Fahrt behalten, um die hohen Wellen anschneiden zu können. Wie weit war das Land noch entfernt? In welcher Richtung lagen die Sandbänke? Bei diesem Wetter auflaufen, dann hätten die Wellen das Schiff zerschlagen. Jeder, der nicht unbedingt gebraucht wurde, mußte dem Ausguck helfen, ob irgendwo etwas zu sehen war. Keiner auf dem Schiff mochte noch so recht auf Rettung hoffen. Da entdeckte Jan ganz undeutlich einen Lichtschimmer halb Steuerbord. Er rannte zum Steuermann und gab ihm Bescheid. Das Schiff hielt darauf zu. Nichts mehr zu sehen, bis plötzlich der Nebel kurz aufriß und sie fast über sich das Leuchtfeuer blinken sahen. Am Signal des Leuchtturms erkannten sie, wo sie waren und konnten nun die Richtung einschlagen, die sie in den sicheren Hafen brachte. Das Licht, das Jan sah, hatte sie gerettet.

An diesem Weihnachtsfest ging Jan nach vielen Jahren erstmals wieder in einen Gottesdienst. Der Pfarrer sprach über Jesus Christus, das Licht der Welt, und da er in einer Hafenstadt predigte, gebrauchte er ein naheliegendes Beispiel: »Ihr Seeleute wißt, was Licht bedeuten kann. Wenn man im Dunkel durch die aufgepflügte See fährt, kein Stern da ist, an dem man sich orientieren kann, wenn man sich ganz verloren fühlt und dann taucht ein Licht auf – ein Leuchtturm schickt seinen Strahl weit auf das offene Meer – das ist nicht nur eine ganz praktische Hilfe, dieses Licht bedeutet für euch Orientierung, Rettung und Geborgenheit. Es ist das Licht, das euch den Weg zur Heimat zeigt. So wie dieses Licht des Leuchtturms, so ist Jesus Christus ein Licht, das euch wieder Orientierung geben kann für euer Lebensschiff, das euch zeigt, wo es zur eigentlichen Heimat geht.«

Weiter hörte Jan gar nicht zu. Dieses Bild nahm ihn gefangen. Er hatte es erlebt, was es bedeutet, ein Licht zu sehen. Und dieses Zusammentreffen eines persönlichen Erlebnisses mit der Ausdeutung in einer Predigt veränderte sein Leben. Er wurde Christ, richtig einer, der nicht nur getauft war, sondern auch das Angebot der Taufe annahm und sein Leben an der Botschaft Jesu orientierte, die ihm zum Leuchtturm geworden war. Er wohnte bei Landurlauben im evangelischen Seemannsheim, und nach einiger Zeit fuhr er auch wieder zu seinen altgewordenen Eltern nachhause, die ihn schon für verschollen hielten. So war es ihm, als er dann Jahre später die letzten Berufsjahre als Heizer auf der Europa arbeitete, ganz selbstverständlich, daß er an den Bibelabenden teilnahm. Und als er seine Lebensgeschichte erzählte, da wurde mancher der anderen doch sehr nachdenklich.

48

Für Jan ist Weihnachten immer ein ganz wichtiges Fest geblieben. Er feierte die Geburt des Herrn, aber auch seine Geburt zu einem völlig neuen Leben, in dem er erst so richtig kennenlernte, was es bedeutet, Orientierung zu haben und ein Ziel, das Leben selbst verantwortlich in die Hand zu nehmen. Er hat nie geheiratet, dazu war er zuviel auf See. Aber nach Zuhause hat er einen sehr engen Kontakt bekommen, zu seinem Bruder, der den Hof übernommen hatte und dessen Frau, vor allem aber zu seinen Nichten und Neffen. Die Kinder waren ganz begeistert, wenn Onkel Jan auf Urlaub ein oder zwei Wochen zu ihnen nach Hause kam. Und er mußte Geschichten erzählen, richtig löchern konnten sie ihn. Aber er erzählte nicht nur Seemannsgarn, wie damals sein Onkel Peter, sondern Geschichten vom Dunkel und vom Licht in seinem Leben, und wenn er Weihnachten einmal da war und seine Weihnachtsgeschichte erzählte, dann hörten jung und alt gebannt zu, und ihnen ging auch etwas auf von dem Licht, das Weihnachten in unsere Welt gekommen ist.

Der Theologe Josia

Auch Theologen sind dabeigewesen im Umfeld der Weihnachtsgeschichte. Matthäus erzählt von den Priestern und Schriftgelehrten, die von Herodes zu Rate gezogen werden, als ihm die drei Weisen berichten, ein Stern führe sie in sein Land, ein Stern, der hinweist auf einen besonderen König, der geboren ist. *Als König Herodes das hörte, geriet er in Aufregung und mit ihm ganz Jerusalem. Er ließ alle führenden Priester und Gesetzeslehrer zu sich kommen und fragte sie: »Wo soll der versprochene König geboren werden?« Sie antworteten: »In der Stadt Bethlehem in Judäa. Denn so hat der Prophet geschrieben: Du Bethlehem im Land Juda! Du bist keineswegs die unbedeutendste Stadt in Juda, denn aus dir wird der Mann kommen, der mein Volk Israel schützen und leiten soll.«* So heißt es bei Matthäus.

Stellen wir uns vor, einer der befragten Gelehrten hieß Josia, und lassen wir ihn zu Wort kommen:

Sehr häufig hat der König Herodes uns nicht rufen lassen. Er war an Fragen des Glaubens und der alten

Schriften nicht gerade so brennend interessiert, dieser König von Roms Gnaden, der eigentlich gar nichts zu sagen hatte, nur seine Privilegien verteidigte, damit er es sich weiter gutgehen lassen konnte. Da mußte ihm etwas gewaltig unter die Haut gegangen sein, daß er uns Theologen rufen ließ. Als ich die Weisen, die Sterndeuter aus fernen Ländern hörte, wie sie von einem neugeborenen König sprachen, der hier bei uns geboren sein soll, um sein Volk zu retten, da sah ich Herodes schon an, was in ihm vorging, Angst hatte er um seinen Thron. Hilfsbereitschaft heuchelte er und ganz selbstloses Interesse. Die drei waren ganz gerührt, welche Mühe er sich machte, um ihnen zu helfen. Für uns war das kein großes Problem. Wir kennen ja schließlich das Gesetz und die Propheten. Ein neuer König, so mächtig, daß er sein Volk retten könnte vor den römischen Unterdrückern, es wieder hinführen zu Macht und Wohlstand, der mußte aus dem Geschlecht Davids sein. Und die Stadt Davids ist Bethlehem.

Der Kollege Zadok hat alle Stellen im Kopf, ihm fiel sofort der Prophet Micha ein mit dem Hinweis auf Bethlehem als der Stadt, aus der der große König kommen soll.

Natürlich hatten einige Kollegen Bedenken, so klare Aussagen zu machen, sie stellten alle möglichen Theorien auf und machten sich wichtig. Als aber der Hohepriester unsere gemeinsame Stellungnahme abgeben sollte, war die Sache ganz klar, Bethlehem mußte es sein.

Nach der großen Aufregung verlief die Sache dann im Sande. Von den drei Weisen war nichts mehr zu hören. Hatten sie niemanden gefunden? Bald ging das Gerücht um, Herodes habe alle kleinen Jungen in Bethlehem umbringen lassen. Ich denke schon, daß das stimmt. Der macht keine halben Sachen, und schon der Funke einer Gefahr für seine Position läßt ihn jeden Skrupel vergessen, falls er überhaupt jemals welche hat. Ich bekam damals ein schlechtes Gewissen. Hatte ich nicht geahnt, daß Herodes Konkurrenz witterte und alles nur mögliche tun würde, um die Gefahr für sich abzuwenden? Und ich habe mitgeholfen, daß sie Bethlehem herausgefunden haben. Es liegt wohl mit daran, daß ich selbst die Sache damals nicht so ernst nahm. Wir kennen ja viele Verheißungen. Je schlechter es unserem Volk ging, desto mehr Hoffnungen keimten auf, daß eines Tages ein neuer David kommen würde. Aber es war immer nur bergab gegangen. Irgendwann traut man sich gar nicht mehr so recht, noch zu hoffen. Da nützt uns Theologen dann auch das Wissen nichts, und wenn wir alle Verheißungen auswendig können. Daß wir das erleben sollten, den Retter! Wenn ich das so recht bedenke, eigentlich hätten wir doch richtig aufgeregt sein müssen, meine Kollegen und ich, damals als die Weisen von ihrem Stern berichteten und dem König, der geboren sein sollte. Im Grunde haben wir sie wohl alle miteinander für Spinner und Sektierer gehalten, denn jeder ging zurück an seine Arbeit oder hinter seine Bücher. Die täglichen Geschäfte, die sind das wichtige; Hoffnungen? Hatten wir uns nicht mit allem abgefunden? Und die Verheißungen – naja, vielleicht mal später in weiter Ferne. Wir verwalteten einen ganzen Schatz an Hoffnungen und Verheißungen, zitierten die Texte mit feierlichem Ton, und selbst dieses Auftauchen der Sterndeuter brachte uns nicht aus der Ruhe.

Ich war damals im Kreis der Kollegen weitaus der jüngste, Mitte dreißig. Vielleicht habe ich etwas länger über die Sache nachgedacht als die älteren, die schon ganz in ihrer Routine aufgingen, aber auch ich bin nicht hingegangen nach Bethlehem, nachzusehen, eine Bestätigung zu suchen. Es hat mich nicht wachgerüttelt. Es hat mich allerdings auch nie ganz losgelassen.

Als dieser Prozeß lief neulich gegen den Galiläer, den einige als König der Juden bezeichneten, zuerst habe ich mir nichts dabei gedacht. Es hieß ja auch, daß er aus Nazareth stammt. Dann hörte ich von seinem Alter. Er muß gerade zu der Zeit geboren sein, als das mit den drei Weisen war. Zum Verhör vor dem Hohen Rat bin ich dann doch aus Neugier hingegangen. Ich habe ja noch jederzeit Zutritt dort. Seltsam, wie ihm alles mögliche vorgeworfen wurde, und er schwieg. Wenn er sich verteidigt hätte, abgestritten, ich glaube, er hätte nicht diesen Eindruck bei mir hinterlassen. So hat mich die Unruhe von damals wieder gepackt, stärker noch. Aber wie sollte er die Erfüllung der Verheißungen sein?! Die Römer sind noch an der Macht. Was hat sich überhaupt durch ihn verändert? Sicher, man hört viel von seinen Anhängern, meist kleine und unbedeutende Leute übrigens; sie sagen, er hätte nicht die Welt, sondern sie selbst verändert. Sie sagen, sie könnten wieder hoffen durch ihn, glauben, leben. Kann das die Erfüllung all der großen Verheißungen sein? Ich habe doch sehr viele Fragen dazu. Aber ich bin sehr unsicher geworden. Erst damals dieser Hinweis, den ich so schnell vergessen wollte, nun diese erneute Begegnung.

Hat mein Wissen vielleicht der Erkenntnis im Wege gestanden? Wenn er nun wirklich der erhoffte König wäre?

Die Geschichte vom Hirten Mathias

Als die Sonne sich verdunkelte und Jesus starb, stand unter dem Kreuz, etwas im Hintergrund, wie es sich für einen armen Hirten gehört, Mathias. Er war alt geworden, so alt, daß er keine Angst mehr um sich selbst hatte. Sollten sie ihn doch fragen, ob er auch zu diesem Jesus gehöre. Er hätte keine Angst, sich zu ihm zu bekennen wie so viele andere Freunde, die nicht gekommen waren, die sich versteckt hatten. Aber ihn fragte niemand. Wen interessiert schon, was ein alter Mann glaubt, und wohin er gehört.

Mathias verstand dieses Ende nicht, genauso wenig, wie er damals den Anfang verstanden hatte. Ja, er war von Anfang an dabeigewesen. Er hatte auf den Messias gewartet wie viele in seinem Volk. Wirklich erwartet hatte er ihn eigentlich nicht. Tagsüber beim Wandern mit der Herde, beim Suchen nach Wasser und Weideplätzen, da bleibt nicht viel Zeit für fromme Gedanken. Aber nachts bei der Wache bei den Herden, da fielen ihm die alten Geschichten ein.

»Gott wird sein Volk nie ganz verlassen«, sagten die Alten. »Wenn es fast am Ende ist, dann wird er den Messias senden, den König aus dem Stamm Isais, des Hirten, dessen Sohn der große König David war. Dieser Messias wird sein Volk erretten. Er wird allen verkünden, daß nur ein Gott ist. Und alle Völker werden zum heiligen Berg Zion kommen und Gott anbeten, den einen.«

»Am Ende ist es mit seinem Volk«, dachte Mathias. Was die Feinde nicht geschafft haben, das schaffen wir selbst. Die Mächtigen kommen zurecht, auf unsere Kosten. Sind wir nicht alle Abrahams Söhne? Warum sind wir Armen dann der letzte Dreck? Gerade wir Hirten – ohne Land und ohne sichere Arbeit! Die da oben wollen uns das Gesetz lehren, und es fehlt ihnen doch die Gerechtigkeit. Da müßte einer kommen, der die Gerechtigkeit wieder herstellt und Recht schafft, dachte Mathias, aber an den Messias glaubte er nicht so ganz. Ein Hirte, der hart arbeitet, der ist Realist, der kann sich keine Träume leisten.

Dann war da die Nacht, in der die Fenster des Himmels plötzlich aufgetan waren, und ein Leuchten ging zur Erde, wie es die Hirten, die mit Naturerscheinungen ja vertraut waren, nie erlebt hatten. Dies war keine Naturerscheinung. Und sie waren von Entsetzen geschüttelt. Kam nun die Strafe Gottes über sie alle? Sollte die Erde vom Licht des Himmels verbrannt werden?

Da trat der Engel vor sie hin mit den Worten, die

Mathias nie vergessen hatte: »Fürchtet euch nicht! Siehe, ich verkündige euch große Freude, die allem Volk widerfahren wird; denn euch ist heute der Heiland geboren, welcher ist Christus der Herr in der Stadt Davids. Und das habt zum Zeichen: Ihr werdet finden das Kind in Windeln gewickelt und in einer Krippe liegen.«

Begriffen hatten sie erst gar nichts. Langsam wurde ihnen nur klar: »Fürchtet euch nicht!« hatte er gesagt. Dann konnte es also nicht das Gericht Gottes sein. Dann war das helle Licht keine Bedrohung, sondern mußte etwas Gutes bedeuten. Und langsam buchstabierten sie die Worte des Engels durch. »Der Messias! Der Messias ist gekommen!« rief plötzlich einer. Und da war ihnen schlagartig klar, welche Botschaft ihnen der Engel verkündet hatte. »Aber ein Kind, ein Neugeborenes!«, meinte Mathias, »und hat er nicht was von einer Krippe gesagt, in der das Kind liegen soll? Wie kann das der erwartete König sein?« Sie ließen alles stehen und liegen. Sollten die Schafe auf sich selbst aufpassen. Sie rannten los in Richtung Bethlehem. Das war ja die Stadt Davids. Mathias war den alten Hirten ein ganzes Stück voraus. Er suchte im Ort nach Anzeichen von Aufregung, aber außer der Unruhe, die die Volkszählung mit all den Reisenden brachte, entdeckte er nichts. Krippe – er mußte in einem Stall suchen. Und schließlich sah er aus einem Stall Licht schimmern. Dort mußte es sein. Er winkte die anderen heran und wartete, weiter traute er sich nicht allein. Sie traten ein, vorbereitet auf Wunderbares. Und dann fanden sie dieses Paar mit dem Kind in der Krippe. Aber auch gar nichts Besonderes.

Der Vater erschrak, als er sie sah. »Tut uns leid, wir konnten nicht weiter. Wir mußten irgendeinen geschützten Ort finden«, und er zeigte verlegen auf das Kind. »Ist es diese Nacht geboren?« fragte Mathias. Der Vater nickte. »Und es ist ein Junge?« Wieder nickte der Vater. Da erzählten sie von der Erscheinung des Engels und von seinen Worten. Ungläubig und erschrocken blickte der Vater erst sie und dann das Kind an. Die Mutter sagte nichts. Sie schien nicht überrascht zu sein, verfolgte aber sehr aufmerksam jedes Wort der Engelsbotschaft.

Die Hirten blickten sich noch einmal um. Niemals war ihnen ein Stall armselig vorgekommen, eben nur zweckmäßig. Aber die Worte des Engels und dann dieser Stall! Es gab nichts mehr zu sagen oder zu tun. Verlegen murmelten sie etwas vor sich hin und gingen dann wieder. Sie kehrten zurück zu ihren Herden, ratlos. Sie erzählten, was sie erlebt hatten. Niemand konnte sich einen Reim darauf machen. Sie wurden zweifelnd von der Seite angeblickt, oft auch belächelt. Schließlich hielten sie es für besser, nicht mehr darüber zu reden.

Über 30 Jahre vergingen. Mathias war alt geworden. Das nächtliche Erlebnis war zu einem Traum verblaßt. Da hörte er immer häufiger von einem Mann namens Jesus, der als Lehrer in Galiläa umherzog und predigte. Wundertaten wurden von ihm berichtet. Das ungewöhnlichste war: er ging zu Menschen, um die sich sonst die gelehrten Herrn nicht zu kümmern pflegten.

Eines Tages sah Mathias eine große Menschenmenge an einem Hügel versammelt. Sie hörten offensichtlich jemandem zu, der auf dem Hügel stand und redete. Mathias ging näher heran. Was er hörte, setzte ihn in Erstaunen. Da stellte einer alles auf den Kopf. »Gott liebt die, die nichts vorzuweisen haben«, sagte er, und »die Sanftmütigen werden die Erde besitzen.«

Das Verwirrende an den Worten, die er hörte, erinnerte Mathias an das verwirrende Bild von dem Messias im armseligen Stall. Als die anderen auseinanderliefen, ging er hin zu dem Mann. »Wer bist du?« – »Ich bin Jesus aus Nazareth.« – »Bist du in Bethlehem geboren im Jahr der großen Volkszählung?« – »Ja.« Mathias fiel vor ihm auf die Knie und sagte leise, fragend: »Dann bist du der Messias.« – »Der Friede Gottes ist mit dir«, antwortete Jesus, hob ihn auf und umarmte ihn.

So oft wie möglich brachte Mathias nun seine Herden dorthin, wo Jesus predigte. Und als Jesus nach Jerusalem hinaufzog, ließ er seine Arbeit und ging mit. Er wollte dabeisein, wenn der Messias in seine Stadt einzog und seine Herrlichkeit vor aller Welt offenbarte.

Nun stand er unter dem Kreuz. So war es gekommen, und Jesus hatte nichts getan, damit es anders käme. Mathias verstand dieses Ende nicht, genauso wenig wie er damals den Anfang verstanden hatte.

Aber wenn es anders gekommen wäre, ein König

mit Palast und Hofstaat, ein Herrscher mit Erfolg und Siegen – wäre er dann auch zu ihm, dem Hirten gekommen? Wäre er dann auch dabeigewesen?

Der Engel,
der das Licht brachte

Nur wenige Menschen wissen, wie die Engel entstanden sind. Geschaffen, wie Welt, Pflanzen, Tiere und Menschen, hat Gott sie nicht. In den sechs Schöpfungstagen kommen sie nicht vor. Am siebten Tage ruhte Gott, und als er Mittagsschlaf hielt, da träumte er die Engel. So sind die Engel, die sein himmlisches Reich bevölkern und ihm als Boten dienen, anders als die Wesen, die er geschaffen hat. Sie sind unsichtbar. Sie sind wie ein Traum und befinden sich in einer traumhaften Nähe zu Gott. Auch Menschen erkennen sie deshalb nur im Traum. Begegnen sie ihnen im Alltag, halten sie sie für normale Sterbliche.

Einer der vielen Engel, die wie eine Wolke um Gottes Thron schweben, wenn sie nicht mit besonderen Aufträgen unterwegs sind, ist Oriel, das bedeutet »Licht Gottes«. Er war nie durch weltbewegende Aktionen bekannt geworden, so finden wir seinen Namen auch nicht in der Bibel. Vielleicht war es dieser Name, der den Ausschlag gab, daß er für einen besonderen Auftrag ausgesucht wurde. Es wurde viel himmlisches Licht gebraucht auf der Erde. Richtig strahlen sollte es, und der Anlaß war die Geburt eines besonderen Kindes. Engel wissen ihre Aufträge. Sie werden ihnen nicht mitgeteilt. Sie lösen sich einfach aus der Wolke der übrigen Engel um Gottes Thron, machen sich auf den Weg und tun, was zu tun ist.

Jeder weiß, daß die Engel nur einen Weg haben, um aus dem Himmel auf die Erde zu kommen. Sie schlüpfen durch das Fenster des Himmels, das in der Himmelskuppel angebracht ist, kommen dann auf eine lange, lange Leiter, die bis zur Erde hinabführt. Zum Glück sind Engel schwindelfrei. Auch die Stelle, an der die Himmelsleiter auf der Erde ankommt, ist ja seit langem bekannt. Natürlich ist sie unsichtbar für die Tagaugen der Menschen, aber Jakob hatte hier in Bethel übernachtet, und im Traum nahm er wahr, was er mit vollem Bewußtsein nicht hätte sehen können: daß er an dem Ort schlief, an dem die Engel zur Erde hinabsteigen, an dem die Himmelsleiter auf der Erde ankommt. Zum Glück hat er einen Stein als Altar aufgebaut dort, so kennt heute jedes Kind die Stelle.

Als der Engel Oriel die letzten Stufen erreicht hatte, stand er vor demselben Problem, wie alle Engel seit 1300 Jahren. Genau dort, wo man die Leiter verlassen wollte, stand der große Stein Jakobs, so daß der letzte Schritt aus einem großen, schrägen Sprung bestehen mußte. So mancher hatte sich schon – voll konzentriert auf die vor ihm liegende Aufgabe – hier den Rücken geschrammt. Engel pflegen bei solchen Gelegenheiten nicht etwa zu fluchen. Schon immer schütteln sie hier mit leichtem Vorwurf und sehr viel Nachsicht den Kopf und murmeln: »Jakob, Jakob, hättest du dein frommes Werk doch nur einen Meter weiter errichtet!«

Als Oriel die Erde erreicht hatte, hielt er sich südlich, umging die Hauptstadt Jerusalem und näherte sich Bethlehem. Auf den Weiden vor Bethlehem spürte er schon die Gegenwart vieler anderer Engel. Auch Gabriel war da, der schon viele Aufträge gehabt hatte in Zusammenhang mit der Geburt des besonderen Kindes. Sie trafen in der Nähe eines Hirtenfeuers zusammen, umstellten das Feuer und ließen das himmlische Licht, das sie vorher umhüllt gehalten hatten, sichtbar werden. Ein gewaltiges Gleißen überwältigte die Hirten, die am Feuer eingenickt waren. Erschrocken sprangen sie auf und schlugen die Hände vor die Augen. Da sprach Gabriel laut zu ihnen: »Fürchtet euch nicht. Eine frohe Botschaft ist es, die wir euch verkündigen. Ihr Hirten hört als erste, was alle erfahren werden: Euch ist heute der Retter geboren, der Messias, in der Stadt Davids. Und daran erkennt ihr ihn: Ein Kind in Windeln gewickelt in einer Krippe.« Und die ganze Schar der Engel stimmte einen Gesang aus der himmlischen Liturgie an, deren schwacher Abglanz unser Lobgesang ist: »Gloria in excelsis deo«, »Ehre sei Gott in der Höhe«. Dann machte sich die Schar wieder auf den Rückweg zur Himmelsleiter. Aber nicht alle Engel verschwanden, Gabriel und Oriel hatten noch weitere Aufträge. Oriel eilte den Hirten voraus nach Bethlehem in den Stall. Auch dort sollte himmlisches Licht leuchten um das Kind, wenn die Menschen kamen, es anzubeten. Oriel setzte sich oben auf eine Hühnerstange. Er selbst war im Dunkel, aber sein Licht ließ er genau um das Kind scheinen, so daß es der erleuchtete Mittelpunkt des Raumes war. Sofort traten Unordnung und Schmutz in den Hintergrund. Man sah nur noch auf das Kind. Die Mutter lächelte, als sie ihr Kind so umleuchtet sah. Das paßte zu dem, was ihr der Engel Gabriel gesagt hatte, als er die Geburt ankündigte. Da kamen auch schon die Hirten angelaufen. Ihr aufgeregtes Durcheinanderreden verstummte, als sie eintraten. Sie brauchten nicht lange nach Krippe und Windeln zu suchen. Der helle Schein, der das Kind umfing und gleichzeitig von ihm auszugehen schien, sagte alles. Dies war der Messias. Auf ihn hatten sie selbst und Generationen vor ihnen so sehnsüchtig gewartet. Soviele Notzeiten hatten nach einem Retter verlangt. Und sie durften ihn sehen, offenbar als erste nach den Eltern. Sie wurden sehr still, knieten nieder und beteten das Kind an. Dann erzählten sie von dem hellen Licht auf dem Felde, und etwas ängstlich immer noch blickten sie sich um, wo der Schein im Stall herkäme, aber Oriel entdeckten sie nicht. Und sie berichteten von der Botschaft des Engels und dem himmlischen Lobgesang. Wieder lächelte die Mutter still in sich hinein und sagte kein Wort. Oriel hatte noch auszuharren. Die Geburt sprach sich schnell herum, und viele kamen zu dem Kind. Da mußte der Schein noch etwas bleiben. Aber nachdem Gabriel gekommen war und mit dem Vater im Traum gesprochen hatte, zog das Paar mit dem Kind davon. Nun war Oriels Auftrag beendet. Er hatte seinem Namen Ehre gemacht. Er hatte das Licht Gottes über das Kind gebreitet, damit alle sahen, was es mit diesem Kind auf sich hatte. Und er fand, daß er es eigentlich ganz gut gemacht hatte. Auf dem langen Weg die Himmelsleiter hinauf hatte er Zeit zum Nachdenken. Nun war also der Mensch geboren, der ganz Gottes Ebenbild war, der den Frieden und die Liebe Gottes auf die Erde brachte. Und die Menschen hatten seinen Glanz gesehen. Ihm mußten sie ja glauben. Nun war die notvolle Geschichte der Menschen beendet. Kampf und Krieg und Gewalt konnte es nicht mehr geben. Das Friedensreich, die große Sehnsucht, war angebrochen. Gabriel kam hinter ihm her. Oriel wartete auf ihn und fragte: »Was hast du denn dem Vater gesagt?« – »Ich habe ihn nach Ägypten geschickt, denn die Soldaten des Herodes werden kommen und alle kleinen Jungen in Bethlehem töten. Er hat von der Geburt gehört und bangt um seinen Thron. Da ist ihm jedes Mittel recht«, antwortete Gabriel. »Aber das kann doch nicht sein!« sagte Oriel erschrocken. »Er ist doch geboren! Es ist doch Friede!« – »Sie glauben ihm nicht«, sagte Gabriel. »Aber ich habe ihn doch so hell umleuchtet, sie müssen es doch gesehen haben!« – »Was nützt das ganze Leuchten, wenn die

Menschen ihre Herzen verschließen und nur sich selbst sehen«, meinte Gabriel resigniert. »Dann war alles umsonst – das Hoffen der Menschen, die Geburt des Kindes, unser ganzes Strahlen? Es bleibt doch alles beim alten?« fragte Oriel ganz verzagt. »Nein«, antwortete Gabriel, »das Licht des Himmels bleibt nun auf der Erde. Wer Augen dafür hat, der kann es sehen, noch in Tausenden von Jahren, und es wird ihn ganz hell machen. Dieses Licht wird nicht verlöschen. Aller Haß und aller Eigennutz schaffen das nicht. Du hast deine Sache gut gemacht. Nun liegt es bei den Menschen.«

Der Autor

Gerhard Schneider, geboren 1943 in Peine als Sohn eines Pfarrers. Er verlebte Kindheit und Jugend in Clausthal-Zellerfeld im Harz und studierte dann in Göttingen evangelische Theologie. Nach dem ersten Examen wechselte er zur Braunschweigischen Landeskirche und war zwei Jahre lang Vikar in Roklum bei Wolfenbüttel. Seit 1972 ist er Pfarrer in Dörnten bei Goslar.

Lieferbare Radius-Bücher (eine Auswahl)

Heinrich Albertz: *Blumen für Stukenbrock.* Biographisches. 304 S., geb.
Heinrich Albertz: *Bremer Predigten.* 100 S., brosch.
Heinrich Albertz (Hrsg.): *Die Zehn Gebote.* 12 Bde. Je 108 bis 160 S., brosch.
Karl Bohrmann: *100 Aktzeichnungen.* Mit rotem Mantel. 144 S., brosch.
Karl Bohrmann: *Stilleben. Hommage à Morandi.* 108 S., geb.
Karl Bohrmann: *Zeichnungen.* 160 S., brosch.
Jürgen Brodwolf: *100 Arbeiten auf Papier.* 144 S., geb.
Jürgen Brodwolf: *Theresienstadt. Wunde.* 15 Arbeiten auf Papier. 48 S., geb.
Jürgen Brodwolf / Peter Härtling: *Transparentblätter.* 120 S., geb. im Schuber.
Yves Robert Buergi: *Eine Handbreit Erinnerung nur und Klage...* 80 S., brosch.
Mechthild Dehn: *Leben.* Krebs: Entscheidung – Anruf – Suche. 96 S., geb.
Wolfgang Erk (Hrsg.): *Danken, Klagen, Loben / Alles reift...* 2 Bde. Zus. 508 S., geb.
Wolfgang Erk (Hrsg.): *Für diesen Tag und für alle Tage...* Ein Brevier. 128 S., geb.
Wolfgang Erk (Hrsg.): *Hoffnungstexte.* Ermutigungen. 240 S., geb.
Wolfgang Erk (Hrsg.): *Nimm dieses Wort.* Texte für Liebende. 128 S., geb.
Radius-Almanach 1978/79 bis 1996/97. 19 Ausgaben. Je 52 bis 160 S., Engl. Brosch.
Wolfgang Erk (Hrsg.): *Wer bin ich?* 100 Texte. 128 S., geb.
Wolfgang Erk (Hrsg.): *Zum neuen Jahr.* Vorsätze, Hoffnungen, Wünsche. 96 S., geb.
Richard Exner: *Die Zunge als Lohn.* Gedichte 1991-1995. 96 S., geb.
Richard Exner: *Gedichte 1953-1991.* 320 S., geb.
Traugott Giesen: *Christsein praktisch.* 100 Proben Glaubensmut. 224 S., geb.
Traugott Giesen: *Glaube mit Hand und Fuß.* 94 Kolumnen. 200 S., geb.
Traugott Giesen: *glauben heilt.* Glaubensbekenntnis. 176 S., geb.
Traugott Giesen: *Gott liebt Dich und braucht Dich.* 192 S., geb.
Traugott Giesen: *Ich kann von Glück sagen.* 30 Lockrufe. 208 S., geb.
Traugott Giesen: *Lieben ist Lieben.* 80 Kolumnen. 168 S., geb.
Traugott Giesen: *Schmerzlich – schön – wunderbar.* 90 Kolumnen. 212 S., geb.
Traugott Giesen: *Vater unser in Ewigkeit. Amen.* 42 An-Reden. 200 S., geb.
Traugott Giesen / Hans Jessel: *Sylt für die Seele.* 45 Texte. 45 Farbfotos. 96 S., brosch.
Hannah Green: *Ich hab dir nie einen Rosengarten versprochen.* 240 S., geb.
Gustav-Heinemann-Initiative: *Skrupellose Wirtschaft...* Dok. 1996. 96 S., brosch.
Peter Härtling: *Brüder und Schwestern.* Tagebuch eines Synodalen. 80 S., brosch.
Peter Härtling: *Für Ottla.* 40 S., geb.
Peter Härtling: *Das Land, das ich erdachte.* Gedichte 1990-1993. 128 S., geb.
Peter Härtling: *Das wandernde Wasser.* 128 S., brosch.
Peter Härtling (Hrsg.): *»es hofft die gantze welt«.* Mein Weihnachtsbuch. 88 S., geb.
Peter Härtling (Hrsg.): *Fundevögel.* Geschichten. 320 S., geb.
Peter Härtling (Hrsg.): *Textspuren.* 8 Bände. Zus. 1792 S., brosch.
Peter Härtling / Arnulf Rainer: *Engel – gibt's die?* 112 S., geb.
Dirk Heinrichs: *Den Krieg entehren.* Sind Soldaten *potentielle* Mörder? 120 S., brosch.
Klaus-Peter Hertzsch: *Der ganze Fisch war voll Gesang.* 80 S., brosch.
Klaus-Peter Hertzsch: *Nachdenken über den Fisch.* Texte/Predigten. 160 S., brosch.
Reinhard Höppner: *Segeln gegen den Wind.* Texte und Reden. 140 S., geb.
Renate und Reinhard Höppner (Hrsg.): *Den Menschen ein Wohlgefallen.* 128 S., geb.
Walter Jaide: *Für eine Moral der Zukunft.* Betrachtungen. 96 S., brosch.
Inge Jens / Walter Jens: *Vergangenheit – gegenwärtig.* Biographisches. 88 S., geb.
Walter Jens: *Das A und das O.* Die Offenbarung des Johannes. 96 S., brosch.
Walter Jens: *Die Zeit ist erfüllt. Die Stunde ist da.* Markus-Evangelium. 96 S., brosch.
Walter Jens: *Und ein Gebot ging aus.* Das Lukas-Evangelium. 160 S., brosch.
Walter Jens: *Am Anfang: Das Wort.* Das Johannes-Evangelium. 128 S., brosch.
Walter Jens: *Zeichen des Kreuzes.* Vier Monologe. 80 S., brosch.

Der Autor

Gerhard Schneider, geboren 1943 in Peine als Sohn eines Pfarrers. Er verlebte Kindheit und Jugend in Clausthal-Zellerfeld im Harz und studierte dann in Göttingen evangelische Theologie. Nach dem ersten Examen wechselte er zur Braunschweigischen Landeskirche und war zwei Jahre lang Vikar in Roklum bei Wolfenbüttel. Seit 1972 ist er Pfarrer in Dörnten bei Goslar.

Lieferbare Radius-Bücher (eine Auswahl)

Heinrich Albertz: *Blumen für Stukenbrock.* Biographisches. 304 S., geb.
Heinrich Albertz: *Bremer Predigten.* 100 S., brosch.
Heinrich Albertz (Hrsg.): *Die Zehn Gebote.* 12 Bde. Je 108 bis 160 S., brosch.
Karl Bohrmann: *100 Aktzeichnungen.* Mit rotem Mantel. 144 S., brosch.
Karl Bohrmann: *Stilleben.* Hommage à Morandi. 108 S., geb.
Karl Bohrmann: *Zeichnungen.* 160 S., brosch.
Jürgen Brodwolf: *100 Arbeiten auf Papier.* 144 S., geb.
Jürgen Brodwolf: *Theresienstadt. Wunde.* 15 Arbeiten auf Papier. 48 S., geb.
Jürgen Brodwolf / Peter Härtling: *Transparentblätter.* 120 S., geb. im Schuber.
Yves Robert Buergi: *Eine Handbreit Erinnerung nur und Klage...* 80 S., brosch.
Mechthild Dehn: *Leben.* Krebs: Entscheidung – Anruf – Suche. 96 S., geb.
Wolfgang Erk (Hrsg.): *Danken, Klagen, Loben / Alles reift...* 2 Bde. Zus. 508 S., geb.
Wolfgang Erk (Hrsg.): *Für diesen Tag und für alle Tage...* Ein Brevier. 128 S., geb.
Wolfgang Erk (Hrsg.): *Hoffnungstexte.* Ermutigungen. 240 S., geb.
Wolfgang Erk (Hrsg.): *Nimm dieses Wort.* Texte für Liebende. 128 S., geb.
Radius-Almanach 1978/79 bis 1996/97. 19 Ausgaben. Je 52 bis 160 S., Engl. Brosch.
Wolfgang Erk (Hrsg.): *Wer bin ich?* 100 Texte. 128 S., geb.
Wolfgang Erk (Hrsg.): *Zum neuen Jahr.* Vorsätze, Hoffnungen, Wünsche. 96 S., geb.
Richard Exner: *Die Zunge als Lohn.* Gedichte 1991-1995. 96 S., geb.
Richard Exner: *Gedichte 1953-1991.* 320 S., geb.
Traugott Giesen: *Christsein praktisch.* 100 Proben Glaubensmut. 224 S., geb.
Traugott Giesen: *Glaube mit Hand und Fuß.* 94 Kolumnen. 200 S., geb.
Traugott Giesen: *glauben heilt.* Glaubensbekenntnis. 176 S., geb.
Traugott Giesen: *Gott liebt Dich und braucht Dich.* 192 S., geb.
Traugott Giesen: *Ich kann von Glück sagen.* 30 Lockrufe. 208 S., geb.
Traugott Giesen: *Leben ist Lieben.* 80 Kolumnen. 168 S., geb.
Traugott Giesen: *Schmerzlich – schön – wunderbar.* 90 Kolumnen. 212 S., geb.
Traugott Giesen: *Vater unser in Ewigkeit. Amen.* 42 An-Reden. 200 S., geb.
Traugott Giesen / Hans Jessel: *Sylt für die Seele.* 45 Texte. 45 Farbfotos. 96 S., brosch.
Hannah Green: *Ich hab dir nie einen Rosengarten versprochen.* 240 S., geb.
Gustav-Heinemann-Initiative: *Skrupellose Wirtschaft...* Dok. 1996. 96 S., brosch.
Peter Härtling: *Brüder und Schwestern.* Tagebuch eines Synodalen. 80 S., brosch.
Peter Härtling: *Für Ottla.* 40 S., geb.
Peter Härtling: *Das Land, das ich erdachte.* Gedichte 1990-1993. 128 S., geb.
Peter Härtling: *Das wandernde Wasser.* 128 S., brosch.
Peter Härtling (Hrsg.): *»es hofft die gantze welt«.* Mein Weihnachtsbuch. 88 S., geb.
Peter Härtling (Hrsg.): *Fundevögel.* Geschichten. 320 S., geb.
Peter Härtling (Hrsg.): *Textspuren.* 8 Bände. Zus. 1792 S., brosch.
Peter Härtling / Arnulf Rainer: *Engel – gibt's die?* 112 S., geb.
Dirk Heinrichs: *Den Krieg entehren.* Sind Soldaten potentielle Mörder? 120 S., brosch.
Klaus-Peter Hertzsch: *Der ganze Fisch war voll Gesang.* 80 S., brosch.
Klaus-Peter Hertzsch: *Nachdenken über den Fisch.* Texte/Predigten. 160 S., brosch.
Reinhard Höppner: *Segeln gegen den Wind.* Texte und Reden. 140 S., geb.
Renate und Reinhard Höppner (Hrsg.): *Den Menschen ein Wohlgefallen.* 128 S., geb.
Walter Jaide: *Für eine Moral der Zukunft.* Betrachtungen. 96 S., brosch.
Inge Jens / Walter Jens: *Vergangenheit – gegenwärtig.* Biographisches. 88 S., geb.
Walter Jens: *Das A und das O.* Die Offenbarung des Johannes. 96 S., brosch.
Walter Jens: *Die Zeit ist erfüllt. Die Stunde ist da.* Markus-Evangelium. 96 S., brosch
Walter Jens: *Und ein Gebot ging aus.* Das Lukas-Evangelium. 160 S., brosch.
Walter Jens: *Am Anfang: Das Wort.* Das Johannes-Evangelium. 128 S., brosch.
Walter Jens: *Zeichen des Kreuzes.* Vier Monologe. 80 S., brosch.

Walter Jens (Hrsg.): *Assoziationen*. 8 Bde. Je 210 bis 260 S., brosch.
Maria Jepsen: *einmischen*. Neue Reden und Predigten. 180 S., geb
Maria Jepsen (Hrsg.): *Wen meine Seele liebt*. 128 S., geb.
Erika Kitter: *...und dann nahm ich mir heraus zu leben*. MS. 160 S., brosch.
Ulfrid Kleinert: *Dresdner Dialogpredigten*. 96 S., brosch.
Jo Krummacher (Hrsg.): *Für jeden Sonn- und Feiertag*. 100 Predigten. 420 S., geb.
Jo Krummacher / Hendrik Hefermehl: *Ratgeber KDV*. 200 S., brosch.
Dieter Lattmann: *Die verwerfliche Alte*. Eine Geschichte aus unserer Zeit. 192 S., geb.
Gerd Lüdemann: *Die Auferstehung Jesu*. Erweiterte Neuausgabe 1994. 280 S., geb.
Gerd Lüdemann: *Das Unheilige in der Heiligen Schrift*. 120 S., brosch.
Gerd Lüdemann: *Ketzer*. 320 S., geb., Studienausgabe: 260 S., brosch.
Gerd Lüdemann / Alf Özen: *Was mit Jesus wirklich geschah*. 140 S., brosch.
Henning Luther: *Religion und Alltag*. Praktischen Theologie. 336 S., brosch.
Kurt Marti: *Fromme Geschichten*. 128 S., brosch.
Kurt Marti: *geduld und revolte*. die gedichte am rand. Neuausgabe. 96 S., brosch.
Kurt Marti: *Die gesellige Gottheit*. 100 S., geb.
Kurt Marti: *Gottesbefragung*. 180 S., brosch.
Kurt Marti: *gott gerneklein*. gedichte. 80 S., brosch.
Kurt Marti: *O Gott! Lachen, Weinen, Lieben*. Ermutigungen zum Leben. 380 S., geb.
Kurt Marti: *Die Psalmen 1-150*. Annäherungen. 4 Bde. Zus. 728 S., brosch.
Kurt Marti: *Ungrund Liebe*. 60 S., brosch.
Pierangelo Maset: *Ästhetische Bildung der Differenz*. 300 S., brosch.
Dietrich Mendt (Hrsg.): *Mache dich auf – werde Licht!* 572 S., geb.
Thomas Müller: *Zeichnungen 1994-1996*. 128 S., geb.
Leonie Ossowski: *Das Zinnparadies*. 64 S., geb.
Marietta Peitz: *Grün, wie lieb ich dich grün*. GartenGedanken. 140 S., brosch.
Marietta Peitz: *Ich sollte Lilien pflanzen...* Tagebuch des Älterwerdens. 120 S., geb.
Marietta Peitz: *Trittsteine*. Alltag mit einer Flüchtlingsfamilie. 96 S., brosch.
DAS PLATEAU. Die Zeitschrift im Radius-Verlag. 6mal jährl., je 48 S., brosch.
Günter Radtke: *Notizen zur greifbaren Nähe*. 120 S., geb.
Ruth Rehmann: *Der Oberst begegnet Herrn Schmidt*. Geschichten. 64 S., geb.
Kurt Scharf: *Widerstehen und Versöhnen*. Rückblicke und Ausblicke. 280 S., geb.
Klaus Schmidt: *Gerechtigkeit...* Johanna und Gottfried Kinkel. Biographie. 260 S., geb.
Gerhard Schneider: *Die Katze im Stall von Bethlehem*. Geschichten. 80 S., brosch.
Michael M. Schönberg: *Von oben herab*. 32 Text-Erhebungen. 180 S., geb.
Hansjürgen Schulz: *Ethik als Einmischung*. Erfahrungen und Modelle. 128 S., brosch.
Klaus von Stieglitz: *Einladung zur Freiheit*. Anthroposophie. 280 S., brosch.
K.R.H. Sonderborg: *Phänotypen*. 64 S., Engl. Brosch.
Lothar Steiger: *Von wahrer und falscher Resignation*. Predigten. 136 S., brosch.
Jörg Stöhrer: *Dunkle Räume – helle Räume*. Gedichte 1959-1995. 144 S., geb.
Walter Stöhrer: *Unter dem Feigenbaum*. 32 Gouachen. 96 S., geb.
Hermann Timm: *Sprachenfrühling*. Evan.-protestantische Religionskultur. 120 S., brosch.
Iwan S. Turgenjew: *Mumu*. 88 S., geb.
Heinrich Vogel: *Gesammelte Werke*. 12 Bde. Je 223 bis 688 S., geb.
Angelika Vonier: *Nicht geboren, ich zu sagen*. Biblische FrauenGeschichten. 140 S., geb.
Ulrich Wiesjahn: *Wo das Wort tönend wohnt*. Gespräche mit Jesus. 96 S., brosch.
Hanna Wolff: *Der eigene Weg*. 120 S., brosch.
Hanna Wolff: *Jesus der Mann*. 200 S., brosch.
Hanna Wolff: *Jesus als Psychotherapeut*. 180 S., brosch.
Hanna Wolff: *Neuer Wein – Alte Schläuche*. 240 S., brosch.
Hanna Wolff: *Der universale Jesus*. 160 S., brosch.

Radius-Verlag · Olgastraße 114 · 70180 Stuttgart · Tel 0711.607 66 66 · Fax 607. 55 55